AF440408

# EXPOSÉ

## DE

## PRINCIPES CONSTITUTIFS

TENDANT

## A SOUSTRAIRE LA FRANCE AUX SURPRISES

ET AUX

## TROUBLES RÉVOLUTIONNAIRES

OU

## BASES D'UNION ET DE CONCORDE POLITIQUE

DES

## MINORITÉS ENVERS LES MAJORITÉS.

MONTBÉLIARD,

IMP. ET LITH. DE HENRI BARBIER.

# AVANT-PROPOS

Devant les secousses et les malheurs qu'a occasionnés la chute des divers genres de gouvernements dont la France a dans ses derniers temps tenté l'essai, j'ose exposer mes appréciations. J'ai cru bon et utile de les soumettre, sous forme de lettre, le 31 Décembre dernier, à M. Adolphe Guéroult, rédacteur en chef de *L'Opinion Nationale*. Cet éminent journaliste n'ayant pas jugé à propos de leur donner place dans les colonnes de son journal, j'ai résolu de les livrer à la publicité ainsi que mon entretien avec l'honorable député dont il va être question dans la dite lettre. C'est, du reste, après avoir fait part de ma résolution à ces deux personnes et, leur avoir verbalement demandé autorisation, que je me suis décidé à cette publication.Personne n'aura donc lieu de s'étonner de la forme donnée à cette brochure, et on est, dès à présent, parfaitement au courant des motifs qui me déterminent.

Monsieur,

Il y a deux mois environ, je relus la lettre que je vous ai adressée le 25 Juin dernier. Je dois vous dire que je la trouvais peu concise dans l'énoncé du principe que je vous soumettais. M. A. Guéroult, me pensais-je, aurait dû m'édifier ; il m'aurait rendu un immense service en me faisant part de son opinion.

Devant partir pour Paris, je me proposais de vous demander un moment d'entretien pour vous communiquer les réflexions qui eussent rendu plus explicite la dite lettre. Malheureusement mon départ a été ajourné. Quelque temps après, je lisais dans l'*Opinion Nationale*, N° 257, votre article ainsi conçu :

« En tant que gouvernement de l'avenir, la République,
« sans doute, a encore bien des parties obscures. Compa-
« rée au passé, elle a un caractère très-net : c'est la sub-
« stitution, au sommet du gouvernement, du principe
« électif au principe héréditaire. »

Votre appréciation, Monsieur, m'engage à ne pas différer.

Je suis peu habitué, je le sais, à rédiger mes pensées ; aussi je vous prie d'avance d'excuser mon importunité ; car je ne crois pas malséant de soumettre à votre appréciation des vues que je croyais exécutables, même en 1869. Dès cette époque, l'expression nettement accentuée de l'opinion publique m'engagea à aller voir le député de ma circonscription. Je désire, Monsieur, vous faire part du sujet de l'entretien que j'eus avec lui et vous le retracer autant que me le permet ma mémoire.

« Permettez, disais-je à cet honorable député, permettez
« à un de vos électeurs, ami de son pays, de vous sou-
« mettre ses appréciations sur les conséquences de l'oppo-
« sition de cette époque. Je suis persuadé que leur mise
« en pratique rendrait invulnérable la souveraineté de la
« France. Il s'agit tout uniment de simplifier les attribu-
« tions représentatives souveraines et de les séparer des
« attributions purement gouvernementales. Pour cela il
« est un moyen que je vais m'efforcer de vous indiquer.
« Sans doute, l'exécution en est complexe, mais elle n'en
« est pas moins possible et est indispensable en face des
« progrès et des caractères de l'opinion dominante. Je vous
« engage à vous entendre avec vos collègues pour préparer
« l'empereur aux modifications qu'exige nécessairement
« l'obtention d'un but aussi solennel. Ne serait-il pas temps
« qu'il abandonnât une partie de sa prépondérance et la
« remît à une chambre législative, unique et souveraine,
« dont la mission serait de tout préparer, de tout propo-
« ser, de tout révoquer ? Prenant le titre de chef d'un
« pouvoir électif, c'est-à-dire du pouvoir exécutif et des
« ministres individuellement nommés par la majorité, par-
« lant au nom du pays lui-même, il ne serait nullement
« abaissé dans ses rapports diplomatiques ; il aurait l'es-
« time, non-seulement des nations, mais encore de tous
« les Français ; et, comme premier fonctionnaire, aurait

« droit à toute la considération due aux hommes vraiment
« grands. Qui l'empêche d'exécuter lui-même, au nom des
« pouvoirs actuellement existants, des changements dont la
« valeur et l'opportunité ne pourraient être contestées par
« l'opposition ? Ne vaudrait-il pas mieux pour lui, pour
« la sécurité publique et pour celle des divers intérêts,
« d'entrer sans délai dans cette voie que de braver les con-
« séquences d'une révolution qui malheureusement vien-
« dra ? »

Le député me répondit :
« Vous annihileriez le chef de l'Etat. Voyez les Etats-
« Unis : le président nomme les ministres. Votre proposi-
« tion, toute loyale, n'est pas à présenter ; le conseil de
« l'empereur ne l'accepterait pas. Je puis vous certifier que
« le gouvernement se croit très-fort ; qu'il ne redoute pas
« l'opposition. Quant à vos appréhensions, elles se modi-
« fieront : Le pouvoir va, par la nouvelle composition de
« la chambre législative, accorder des libertés ; etc, etc. »
Je répliquai à peu près dans ce sens.
« Des libertés !.... Qui en réclame en ce moment ? Les
« esprits sérieux du pays n'espèrent-ils pas, ne veulent-ils
« pas, n'exigent-ils pas un principe nouveau ? Voyez nos
« électeurs : tous, pour la plupart, sont des conservateurs
« libéraux ; ni vous, ni le pouvoir ne le pouvez nier. Ils
« sont conservateurs de l'ordre et des lois, puisqu'ils sont
« à peu près les mêmes qui, il y a cinq ans, vous accor-
« daient leurs suffrages comme candidat officiel. Et vous
« êtes maintenant élu par eux comme député indépendant !
« Quelle contradiction ! Comment !. des hommes de bonne

« foi voteraient contre les candidats officiels d'un gouver-
« nement qu'ils défendent ! Ils combattraient les idées d'un
« gouvernement qui agit par le droit et par la loi ! Mais,
« Monsieur, ce n'est pas là la pensée de vos électeurs. Sans
« avoir mission de parler pour eux, je reconnais que l'élec-
« teur indépendant n'en veut nullement au gouvernement,
« mais témoigne son antipathie contre les priviléges trop
« complexes de la personnalité souveraine. Actuellement,
« ces priviléges le blessent, et c'est là ce qu'il vient de
« vous exprimer. Evidemment, il désire que la satisfaction
« des besoins sociaux, généraux, civils et politiques émane
« à l'avenir de lui-même, par votre intermédiaire, c'est-à-
« dire par l'intermédiaire de commissions relatives, de
« mandataires souverains du pays, et non plus par l'inter-
« médiaire de conseils créés par le privilége d'un seul. »

« Me tromperais-je ?.... Je ne le crois pas; et la preuve
« que l'électeur croit à la possibilité d'améliorations et de
« modifications importantes; la preuve qu'il ne veut plus
« de surprises politiques qui l'affligent, c'est qu'il agit avec
« sa pensée, avec son vote. S'il a voté pour vous, comme
« je l'ai fait moi-même, c'est qu'il pense que le temps est
« venu de réformer les priviléges politiques *d'un seul* au
« profit *des droits de tous*, afin que les trop pressés mêlés
« aux ambitieux ne *viennent* plus culbuter ces droits. »

« Actuellement le pouvoir ne comprend pas suffisam-
« ment le sens des aspirations indépendantes; il ne sait
« pas apprécier le nerf du pays. Vous, Monsieur, cette
« fois-ci, vous n'avez pas assez entendu vos électeurs. Mais
« ne vous y trompez pas : les esprits prétendent qu'à l'a-
« venir vous proposiez, vous présentiez vous-même les

« besoins du pays ; que vous fassiez un usage complet
» de votre mandat et que les ministres remplissent sim-
« plement les fonctions exécutives. Oui, on espère, on
« veut de vous, soyez-en sûr, un changement d'action.
« Chacun a la conscience de sa part d'influence dans les
« affaires gouvernementales ; il répugne maintenant à la
« grande majorité, vous le savez, d'être en tutelle. »

Voilà, M. Guéroult, le résumé de l'entretien que j'eus
en 1869, avec le député de ma circonscription. Je tiens à
affirmer qu'il a été avec moi d'une convenance parfaite.
Il m'a objecté, d'un ton modéré, les droits constitutionnels
d'après lesquels il espérait opérer. S'il se rappelle ma visite,
je me souviens aussi des larmes que je versais et de la dou-
leur que j'éprouvais en le quittant. Ses réponses me fai-
saient comprendre qu'il n'entrait nullement dans mes vues ;
mais je m'en consolais, content d'avoir rempli un devoir.
Cette démarche infructueuse et pénible, je l'avais faite, non-
seulement pour conjurer une révolution qui me paraissait
imminente, mais surtout pour soustraire la France aux
calamités qu'elle devait engendrer.

J'étais convaincu à cette époque, et je le suis encore,
qu'il est impossible de tarir l'ambition à sa source et de
réprimer l'exaltation de certains tempéraments. Introduire
d'importantes modifications dans le pouvoir me paraissait
le seul remède possible à cet inconvénient Sans être his-
torien, je savais que, depuis 1789, la France n'a pu
asseoir sa sécurité, malgré ses forces vives, ses ressources,
ses grands hommes, ses ministres, ses conseillers et les
nombreux organes de la presse. Le bon sens et la loyauté,

oseront-ils marcher résolument à un but devant lequel ont échoué de savantes combinaisons? Telle est la question que se pose un ami sincère de son pays, que les circonstances ont poussé à étudier les lois de son bonheur, qui ne désire pour sa récompense que la paix et la prospérité de tous par le progrès.

Depuis ma causerie, Monsieur, que d'événements! Les mêmes causes ont d'abord produit les mêmes effets : la souveraineté personnelle a de nouveau été renversée; et après, que d'afflictions s'en sont suivies! — La question est donc nettement posée : Ramenez en France une autre souveraineté personnelle, elle subira inévitablement, dans un temps donné, le même sort; laissez en vigueur les principes de la Constitution de 1848, relatifs à la nomination des ministres par un seul, et l'opposition ne manquera pas de se manifester dans les idées et de monter à la tribune. Dans ces deux cas, le conseil des ministres sera toujours l'organe des priviléges et des propositions d'un seul.

Certes, il est dans l'ordre des choses possibles qu'une Chambre souveraine, constituée dans le sens désirable, nommât des ministres dont les vues ne différeraient guère de celles de ceux jusqu'ici nommés par les chefs de la France; mais, même dans ce cas, la substitution du privilége public au privilége privé, affirmant les droits et les devoirs de tous, s'assurerait indubitablement le respect de tous. Permettez-moi de vous communiquer quelques fragments d'une lettre que j'ai écrite sous l'influence de cette conviction, à un de mes amis de Paris, le 29 août 1871.

« Pour protéger la France contre les révolutions, il fau-
« drait diviser le gouvernement en deux parties : Un gou-
« vernement souverain, devenant invincible; un pouvoir
« exécutif, devenant mobile. »

« Le gouvernement souverain serait, à mon point de
« vue, la représentation de la nation française par une
« assemblée législative ayant droit de créer et de révoquer
« le pouvoir exécutif, soit dans son chef, soit dans ses
« ministres. Ceux-ci seraient choisis dans l'assemblée lé-
« gislative en question et nommés individuellement par la
« majorité de ses membres. Chacun d'eux posséderait les
« attributions qui lui sont actuellement dévolues; c'est-à-
« dire conserverait ou révoquerait les fonctionnaires qui
« sont sous sa dépendance immédiate; de sorte que tous,
« ainsi que la partie gouvernementale-exécutive elle-même,
« dépendraient exclusivement du gouvernement souverain
« du pays, — où se concentreraient tous les travaux (1). »

« Les décrets et les lois se rendraient au nom de la
« souveraineté française, (peu importe la formule). Nos
« diplomates seraient nommés par le chef du pouvoir
« exécutif auquel s'adresserait la diplomatie étrangère. »

« Certes, un gouvernement établi sur de pareilles bases
« serait un gouvernement représentatif-national dans toute
« la force du mot, plus libéral à coup sûr que la Répu-
« blique de 1848, le véritable gouvernement, en un mot,
« de tous, par tous et pour tous. »

« S'il survenait des révolutions, elles ne renverseraient
« que le gouvernement exécutif, et ne troubleraient que
« momentanément l'assemblée souveraine, sans jamais

_________

(1) Voir à la page 18, 2°.

« ébranler ni violer le gouvernement souverain, — *la*
« *France*. Mais, ami, ce qu'il y aurait de plus significatif,
« c'est que l'opinion publique ne se tromperait plus. Sym-
« pathies, antipathies, minorités, majorités porteraient un
« égal respectaux fonctionnaires; d'où procéderait instinc-
« tivement et irrésistiblement le respect au devoir. »

Je ne sais, Monsieur, si avant ou pendant la formation
de la Constitution de 1848, des constituants ont proposé
de créer et de révoquer les ministres par le Corps législatif;
mais quand bien même les Français n'auraient jamais ré-
clamé cette mesure, ils aspirent tous, sans s'en douter, à
son application. N'est-elle pas, dans le sens de l'affirmation
des intérêts sociaux, généraux de la France, et de leur
équilibre, au suprême degré indispensable ?

Je dis indispensable :

1° Pour rendre inamovible la souveraineté, parce que
toutes les attaques et toutes les révoltes intérieures ne troubleraient que le gouvernement exécutif, sans atteindre la
souveraineté réelle, — la France.

2° Pour faire respecter les fonctionnaires publics aussi
bien que les lois elle-mêmes; la promulgation de celles-ci
et les attributions de ceux-là dérivant désormais de la souveraineté de tous et non de la souveraineté privée.

3° Pour affermir la sécurité publique ainsi que la pro-
priété générale ou individuelle, parce que l'influence acci-
dentelle des révolutions ou des révolutionnaires de n'importe quelle école, serait, autant qu'il est possible, neu-
tralisée.

4° Pour satisfaire aux revendications des esprits les plus

indépendants, parce qu'aucun d'eux ne veut des priviléges accordés à un seul.

5° Enfin, pour préparer et accélérer les divers genres de progrès, parce qu'ils ne peuvent venir véritablement que du pays, non des privilégiés ou de leurs favoris.

Si, dès 1869, j'insistais auprès de mon député pour l'amener à accepter les modifications que je viens de vous exposer, notamment sur la nomination des ministres par les représentants du pays; si maintenant je persiste dans cette voie, c'est que j'y vois un terme à nos agitations.

Je crois l'opposition conservatrice de bonne foi. En province, elle n'a pas même de clubs; elle pétitionne peu, mais s'exprime par le vote. Pendant le règne du suffrage restreint, comme pendant celui du suffrage universel, elle a toujours recommandé au pouvoir public d'*étudier*, de *méditer* et surtout de *modifier*. Les fils de ceux qui ont conseillé l'action aux pouvoirs déchus, tiennent à l'égard des pouvoirs nouveaux, la même conduite que leurs pères. Sont-ils de mauvais citoyens, ces hommes qui ont la patience et la persévérance nécessaires pour prévenir et attendre ? L'histoire dira si c'est là un signe de décadence ou de progrès. En tous cas il est un fait certain : Ces mêmes hommes désirent et ont désiré que la guerre, les traités de commerce, les modifications de douane et d'impôts, enfin tout ce qui se rattache aux intérêts privés et publics, civils et politiques, soit réglé et proposé par les inspirations et la volonté des conseils du pays, comme et quand il plaira à celui-ci.

Que dis-je ? Ils le désirent.... Ils le *veulent!*.... *Oui, ils le veulent*, parce qu'ils croient avoir le droit de vouloir *la paix et la prospérité pour la nation, la sécurité* pour leurs travaux et pour leurs économies. Ils ne veulent pas au contraire que leur dévouement à tout ce qui peut contribuer à la satisfaction des besoins de la patrie et de la famille *soit mis en question.* Ce serait le comble de l'injustice et de la mauvaise foi de les confondre avec ceux qu'ils abhorrent. Cette opposition soutenue par la pensée du devoir, déteste les factieux, les cerveaux exaltés, les ambitieux, les paresseux, en un mot tous ceux qui, ayant dans la bouche des moyens de posséder facilement, égarent et énervent les têtes faibles : Vrais frélons toujours disposés à dissiper, mais non à aider et à produire. Les électeurs de toutes opinions demandent indubitablement à être protégés contre ces hommes déclassés ou qui prétendent l'être.

Pourquoi, encore une fois, accorder le privilége de la souveraineté à un seul? La nomination des ministres par le chef du pouvoir exécutif ne constitue-t-elle pas un danger réel? La Constitution de la grande République américaine autorise, il est vrai, le chef du pouvoir exécutif à créer et à révoquer le pouvoir exécutif, — les ministres. Mais les Etats-Unis n'ont pas de prétendants dynastiques; tandis qu'en France.... Supposons, et c'est supposable, que les chefs du pouvoir exécutif de la France conservent les mêmes attributions que le président des Etats-Unis, c'est-à-dire ceux qui leur ont été dévolus par la Constitution de 1848; qui les empêchera, s'ils sont égarés par les conseils de quelques prétendants ambitieux, de laisser violer cette constitution au profit de celui-ci? Qui les empêchera de faire eux-mêmes un coup d'Etat et de se déclarer, en dépit des volontés du pays, souverainetés personnelles et absolues ? Ce ne sera pas la Chambre législative, puisque les ministres sont du choix du chef du pouvoir exécutif. Ce ne seront pas non plus les forces de la France, puisqu'elles sont à l'entière disposition de celui-ci.

Et d'ailleurs, en admettant qu'un coup d'Etat soit impossible, le privilége accordé aux ministres de proposer, de décréter et d'abroger les lois ne ramènera-t-il pas toujours des conflits entre ceux-ci et l'assemblée souveraine ? C'est à cette assemblée, comme je l'ai déjà dit, que revient le droit de proposer toutes les lois ; c'est au conseil des ministres que revient celui de les faire exécuter. Un telle combinaison ramènera infailliblement l'accord et la concorde entre les deux attributions fondamentales de tout gouvernement, si souvent en lutte ; elle affranchira à jamais le pays des divisions ; et, toutes causes étant semblables, la hiérarchie sociale, dépendant du droit de possession, sera affermie sur ses bases les plus légitimes, par conséquent les plus inébranlables.

On me dira : Cette concession accordée, le parti qui l'aura demandée demandera bientôt davantage.

C'est possible ; mais encore.... L'histoire contemporaine n'apprend-t-elle pas qu'il vaut mieux accueillir bénévolement les demandes légitimes que de se raidir contre le courant de l'opinion et s'exposer aux conséquences d'une lutte impossible ? Les événements de date récente ne parlent-ils pas bien clairement ?

Charles X, son conseil et ses ministres ont dit non à de bien faibles réclamations, à bien peu de réclamants ; en trois jours la Révolution a tout terminé !

Louis-Philippe, son conseil et ses ministres n'ont pas voulu céder; ils se sont obstinés à maintenir le cens : Une révolution de trois jours a fait obtenir plus que la réforme demandait : la France a laissé partir son roi !

Napoléon III, son conseil et ses ministres ont tenu à maintenir les candidatures officielles : En un jour seulement ils ont tous aussi été expulsés ou révoqués !

Pourquoi, cette dernière fois encore, la France a-t-elle laissé faire ? C'est qu'en tout les effets sont complétement subordonnés aux causes. Si la France n'a pas ratifié les propositions du vaincu, c'est que l'opinion publique n'était plus avec lui et depuis trop longtemps n'était plus écoutée. Le Gouvernement impérial avait mission de tout préparer, de tout faire : la nation a été, à bien prendre, aussi étonnée par la dernière déclaration de guerre qu'affligée par sa solution.

Si l'Assemblée législative, étant souveraine, avait dit à des ministres nommés par elle : « *Tentez de négocier la paix,* » la catastrophe eût pu être évitée. Si, de guerre lasse, elle avait été forcée de déclarer les hostilités, soit de sa propre initiative, soit par l'intermédiaire des dits ministres, et que, malgré tout, le général en chef eût été acculé à Sedan, du moins le vaincu eût été traité avec respect, et la Révolution n'eût pas eu lieu.

Sans doute, on me dira : Vous ne nous apprenez rien de nouveau; tout ce que vous exposez paraît être suffisamment démontré par les faits; etc, etc.

Si cependant, à ceux qui ont l'habitude de tout approuver mais de ne rien demander, on avait dit trois ou quatre jours avant la chute de Charles X et de sa dynastie: « Son obstination le fera inévitablement tomber », nul d'entre eux n'eût cru à cette prédiction. Si aux mêmes personnes on avait dit : « Louis-Philippe tombera pour vouloir refuser la réforme, et le suffrage universel sera établi », elles eussent haussé les épaules. Si, aux partisans du plébiscite, qui confondaient en une seule et même figure la France et Napoléon III, on avait dit : « La France sera vaincue et elle ne voudra plus de l'Empire, » on eût à coup sûr été traité de fou.

Depuis quarante ans, en 1830, en 1848, en 1870, le pouvoir public de la France a laissé tomber trois dynasties pour *n'avoir pu ni su donner satisfaction aux idées modernes* et les avoir déclarées impraticables. Qui sait si, d'ici à quarante autre années, certaines idées qui paraissent ridicules ne s'affranchiront pas ? Que voyons-nous déjà ?... Des pensées politiques, d'un caractère extrême, sont émises de bonne foi, dans votre N° 289, (à l'article intitulé : la Souveraineté et la Pratique). Cette proposition d'une constitution nouvelle ne force-t-elle pas de se demander dès maintenant où l'on va ?

Je crois qu'il est sage, prudent même, de ne pas retomber dans les erreurs du passé, mais de prendre en considération les idées pratiques, dictées par le sens commun, n'importe d'où elles viennent. Instruire et éclairer la nation, afin que, dans un temps donné, elle ne soit plus forcée d'accepter par surprises les innovations de partis, tel est évidemment le seul et véritable moyen de salut.

C'est dans cette persuasion, Monsieur, que je me borne à préciser les conditions auxquelles peut exister l'organisation qu'il serait désirable de voir s'établir, sans pour cela m'arrêter au nom dont il plaira à la France de s'appeler, ni aux attributions ou aux qualifications à donner aux honorables délégués de la Souveraineté. Ces conditions sont par elles-mêmes absolues et ne peuvent être méconnues, à moins qu'on élude, de parti pris, le principe même des modifications en question ; elles reposent en conséquence sur trois points capitaux dont l'indication, suffisante et indispensable, peut s'exprimer ainsi :

1° Election universelle et directe d'une Chambre qui serait le Gouvernement souverain ou la Souveraineté de la France.

2° Commissions prises dans la Chambre souveraine également nommées par la majorité de ses membres pour tout étudier, pour tout proposer à la Chambre souveraine qui légiférera.

3. Création ou révocation du pouvoir exécutif, soit du chef, soit des ministres par la majorité de la Chambre souveraine.

Cette constitution adoptée, la solution des nombreux problèmes qui épouvantent notre époque, deviendrait incontestablement plus facile, plus prompte et plus économique. Les idées et les inspirations viendraient des députés réunis en commissions souveraines, et retourneraient à eux. La majorité du pays trouverait toujours les déclarations de ces commissions suffisamment compétentes. Ce serait, en un mot, le gouvernement de la France par elle-même. Les droits politiques seraient de fait égaux pour tous, comme le sont les droits civils. Aussi toutes discordes politiques seraient neutralisées.

Si, pendant la féodalité, les privilégiés souverains et leurs dynasties ont rendu des services et ont eu leur gloire, les idées modernes et l'opinion publique actuelle répudient jusqu'aux restes des priviléges politiques. Chacun, qu'il le veuille ou non, glisse sur une pente irrésistible ; la satisfaction des droits et le respect au devoir : voilà le cercle dans lequel gravite, encore plus ou moins inconsciemment, il est vrai, la société de nos jours. En France, actuellement, le vieux principe de la dynastie personnelle est usé; un autre s'avance et est sur le point de le remplacer; c'est, si l'on veut, celui de la Souveraineté héréditaire et universelle de la nation.

Depuis l'émancipation de 1789, depuis l'abolition des droits et priviléges civils de quelques-uns au profit des droits et priviléges civils de tous, une affirmation plus entière de l'autoritié et de l'influence de chacun dans le sens politique, me paraît être un complément indispensable. C'est là, sans doute, le dernier mot du suffrage universel, la suprême expression de sa valeur, de la raison et de la justice dont il est une représentation. Depuis cette époque, je crois fermement que nos constituants se sont mépris *en déléguant la Souveraineté de tous à un seul ;* ils ne devaient lui *déléguer* que l'*exécution* de la *Constitution* et de la *loi.* Aussi, depuis l'empire premier jusqu'à nos jours, la France a-t-elle vu tomber tour à tour dynasties et républiques, malgré tous les efforts des intelligences d'élite pour les maintenir. Alors, que d'hommes sacrifiés! Que d'intérêts détruits ou compromis! Que de tiraillements! Que de temps perdu! Je suis convaincu que la sécurité de la France ne peut être assurée que par des moyens gouvernementaux différents de ceux employés jusqu'ici. A chacun des deux pouvoirs doivent être dévolues, d'une façon entière et *distincte,* leurs attributions respectives. Au pouvoir exécutif, — aux ministres, la mission de nommer et de révoquer les fonctionnaires publics, celle d'organiser et de diriger ce qui est du ressort de ceux-ci.

A l'Assemblée souveraine, le droit de créer et de révoquer le chef et les ministres ; à elle seule aussi celui d'initiative pour toutes propositions, pour toutes modifications à transmettre au pouvoir exécutif.

Autant il est nécessaire de conserver les attributions qui font l'ornement de la France, autant il est utile d'effacer des systèmes que les événements précédents condamnent, et qui seuls amènent des conflits regrettables entre les différents organes du pouvoir et des divisions nuisibles au pays.

Je le répète encore une fois :

La France peut et doit se protéger contre tout ce qui porte atteinte à sa sécurité, à sa prospérité. A elle seule, au nom de la majorité souveraine de ses citoyens, la puissance, la force de représenter et de préciser *le Droit.* Au pouvoir exécutif, tout le reste des attributions gouvernementales ; c'est-à-dire la puissance, la force de faire exécuter les ordres de la Souveraineté, d'exiger l'obéissance, de préciser — *le Devoir.*

Si telle était, Monsieur, votre manière de voir, combien votre influence, déjà très-ancienne, serait utile pour convaincre nos législateurs ! Ceux-ci vont, peut-être bientôt, s'occuper d'édifier de nouveaux statuts constitutionnels. Les bases du renouvellement partiel de l'Assemblée souveraine, telles que vous les proposez, fixeront sans doute leur attention.

Si vous ne jugez pas utile d'insérer cette longue lettre dans les colonnes de votre journal, et si mes convictions sont néanmoins conformes aux vôtres, veuillez, Monsieur, mettre vos talents au service de l'idée et aider à la propager. Informez-moi donc, je vous prie, d'ici à la huitaine, de votre intention à cet égard; car la mienne est de donner de la publicité au fruit de mes réflexions.

Agréez, Monsieur, l'assurance de ma parfaite considération.

GARNIER, ANCIEN NÉGOCIANT

18, rue de la Verrerie, Paris.

*Montbéliard, le 31 Décembre 1871.*